Conozca a Nuestra Señora de Guadalupe

Conozca a Nuestra Señora de Guadalupe

Una nueva interpretación de la historia, de las apariciones y de la imagen

José Luis Guerrero

LIBROS™ LIGUORI

One Liguori Drive ▼ Liguori, MO 63057-9999

Imprimi Potest:
Thomas D. Picton, C.Ss.R.
Provincial, Provincia de Denver
Los Redentoristas

Imprimatur:
Excmo. Sr. Robert J. Hermann
Obispo auxiliar
Arquidiócesis de St. Louis

© 2008, Libros Liguori, Liguori, MO 63057-9999
ISBN 978-0-7648-1696-3
Impreso en los Estados Unidos de Norteamérica
08 09 10 11 12 5 4 3 2 1

Las citas bíblicas son de *Biblia de América*, cuarta edición 1994.

Liguori Publications, corporación no lucrativa, es un apostolado de los Redentoristas. Para saber más acerca de los Redentoristas visite "Redemptorists.com".

Para hacer pedidos llame al 800-325-9521
www.librosliguori.org

Indice

Presentación

Hace casi cinco siglos, el 12 de diciembre de 1531, en el corazón de la antigua México-Tenochtitlan y en presencia de Fray Juan de Zumárraga, se estampó una imagen de la Virgen María en la tilma del indio Juan Diego Cuauhtlatoatzin. Ese acontecimiento, aparentemente local e insignficante, iba a tener una repercusión tan vasta y profunda que el Santo Padre Juan Pablo II ha reconocido su influencia en todo el Continente Americano, y hoy, bajo esa advocación de Nuestra Señora de Guadalupe, ha designado a María Santísima como patrona de toda América y ha canonizado al protagonista humano de esa gran aventura: Juan Diego Cuauhtlatoatzin. Vale, pues, la pena que examinemos con cierto detalle qué sucedió entonces y que nos preguntemos por qué fue y sigue siendo tan importante este acontecimiento.

Tenemos la fortuna de contar con una crónica, el Nican Mopohua, escrita por un contemporáneo, de lo que sucedió entonces, Antonio Valeriano. Pero como todo lo escrito hace siglos y en otra lengua, no es tan fácil captar para nuestros días lo que significó para quienes lo vivieron en ese entonces y en ese sitío, por lo que es muy conveniente -y aun necesario- no sólo intentar una nueva traducción, (se han publicado algunas muy buenas), sino explicar el texto, para entenderlo y apreciar las implicaciones para nuestros hoy.

A continuación ofrecemos a nuestros lectores una traducción reciente del Nican Mopohua, con una explicación de los aspectos más relevantes del escrito para entender y vivir de manera más profunda el mensaje de nuestra madre de Guadalupe.

Nican Mopohua...
Aquí se cuenta...

Introducción

Aquí se cuenta, se ordena, cómo hace poco, en forma por demás maravillosa, el amor de la perfecta Virgen Santa María, Madre de Dios, nuestra venerable Señora y Reina, la hizo visible allá en el Tepeyac, que se conoce [ahora] como Guadalupe.

En un principio se dignó dejarse ver de un indito de nombre Juan Diego, y, al final, su amor nos entregó su preciosa y amada imagen en la presencia del reciente Obispo Don Fray Juan de Zumárraga.

Ambientación

Diez años después de sojuzgada la ciudad de México, ya por tierra la flecha y el escudo, [acabada la guerra], ya por doquier sosegados sus aguas y sus montes, [las ciudades], así como brotó, ya macolla, ya revienta sus yemas la adquisición de la verdad, el conocimiento de Quien es causa de toda vida: el verdadero Dios.

Como primer comentario notemos dos cosas: La primera, que se nos informa que *ya por doquier estaban sosegados sus aguas y sus montes*, es decir: que ya no había guerra. Eso suena muy bien, pero no en el México de ese momento, porque para ellos la guerra había sido su vida y su religión, creyendo que así colaboraban con Dios proporcionando sangre y corazones para la armonía del universo. Que ya no hubiese guerra y el universo siguiese como antes, no sólo les despojaba de su razón de ser, sino les hacía pensar que todo lo que antes habían hecho y creído era una tontería, de modo que ese *sosiego de las aguas y los montes* no era para ellos algo bueno, era todo lo contrario: la paz del cementerio.

Además, *la ciudad de México*, que era la que dominaba a las demás, había sido efectivamente sojuzgada y destruida, pero no habían peleado sólo españoles contra indios, sino indios contra indios en pro o en contra de los españoles, que nada hubieran podido hacer sin ellos y que, por ende, fueron ellos: los indios, los verdaderos "conquistadores". Una tribu india, los aztecas sí habían sido derrotados, y casi exterminados, pero todos los demás eran auténticos triunfadores; mas ese triunfo suyo no les había traído gloria, ni orgullo, ni satisfacciones, sino lo que había provocado era que los españoles les saliesen con que tenían que cambiar toda su cultura y su religión porque eran malas, que todo lo que habían siempre sido y amado Dios lo reprobaba, y que tenían que dejarlo y abominarlo so pena de gravísimos castigos.

Por otra parte notemos que se utilizan verbos botánicos: *brotar, macollar, reventar sus yemas* para expresar la fe, *el conocimiento de Quien es causa de toda vida: el verdadero Dios*. Nuestros antepasados indios usaban metáforas del reino vegetal para expresar los máximos valores humanos: para ellos la verdad era "nelliliztli", que significa "arraigamiento", "echar raíces"; para ellos, por tanto, era verdadero solamente lo que tenía sólida raíz. También esa era una de las razones de su amor por las flores, porque, aunque la raíz es base, sostén, fundamento de toda buena planta, no puede verse, puesto que está enterrada, en tanto que una bella flor es irrefutable testimonio de una buena y sana raíz, así como promesa de un buen fruto. Con esto podemos ir notando la genialidad divina en nuestro Acontecimiento Guadalupano, en el que van a tener tanta importancia las flores.

Entonces, en el año 1531, a los pocos días del mes de diciembre, sucedió que había un caballero indio, pobre pero digno, su nombre era Juan Diego, casateniente, por lo que se dice, allá en Cuautitlán, y, en lo eclesiástico, todo aquello era aún jurisdicción de Tlaltelolco.

El primer dato que se nos proporciona es el tiempo en que pasaron las cosas, y se nos informa que fue precisamente *en el año de 1531*. Para nosotros el tiempo tiene mucho menos importancia que para los mexicanos de entonces, que veían en las fechas del nacimiento o del inicio de alguna institución una especie de programa que Dios les establecía. Y Dios supo encontrar una fecha maravillosa para nuestros antepasados, porque el día en que su Madre Santísima nos dejó su imagen, aunque consignado como 12 de diciembre de 1531, realmente fue el 22, porque el calendario europeo estaba equivocado con 10 días, y no se corrigió sino hasta fines de ese siglo. Para que captemos el tino "inculturador" de Dios al elegir esa fecha, tenemos que saber que a partir del 22 de septiembre, equinoxio de otoño, cada día va siendo un poco más corto, el sol sale un poco más tarde y se pone un poco más temprano, como si la noche, las tinieblas, acabaran devorándolo, pero, al llegar el solsticio de invierno (22 Dic.), el sol empieza a durar más tiempo, empieza a vencer a las tinieblas. Eso hacía que esa fecha fuera importantísima para los indios que se habían considerado siempre "Pueblo del Sol".

Además, el año de 1531 era el cuarto siglo mexicano, (104 años), a partir de 1115, el año en que se suponía que los aztecas habían salido de *Aztlán* por mandato de su dios. En su cultura que daba gran importancia a los números, ese aniversario debía ser lo más supremo de su historia.

Notemos que **Cuautitlán** no era **México-Tenochtitlan**, y había peleado con los españoles en contra de los aztecas, por lo tanto Juan Diego no era un vencido, sino un vencedor. También que **Cuautitlán** está bastante lejos de **Tlaltelolco**. No demasiado para los ágiles pies de un indio, pero el texto no dice que Juan Diego viviera en ese momento ahí, sino que tenía casa en **Cuautitlán**, por lo que es posible que residiera establemente en Tulpetlac, pues consta que tenía no una sola casa, sino "casas y tierras". Aunque se ha considerado a Juan Diego como un pobre casi miserable, el texto original no dice eso, por lo que consideramos más correcto presentarlo como **un caballero indio, pobre pero digno**, como siguen siendo tantos de nuestros hermanos indígenas.

Otra cosa importante que hay que tener en cuenta desde un principio es que basta que se nos presente a Juan Diego como un buen indio para saber que traía una buena base para ser un buen cristiano, pues desde niños todos eran educados en la convicción de que Dios les amaba y había que corresponder a ese amor.[1]

Primera aparición

Era sábado, muy de madrugada, lo movía su interés por Dios, respondiendo a su insistente llamada. Y al llegar al costado del cerrito, en el sitio llamado Tepeyac, despuntaba ya el alba. Oyó claramente sobre el cerrito cantar, como cantan diversos pájaros preciosos. Al interrumpir su gorjeo, como que les coreaba el cerro, era extremadamente suave y muy agradable, su trino sobrepujaba al del coyoltótotl y del tzinitzcan y al de otras preciosas aves cantoras.

El acontecimiento va a iniciar apenas despuntando el alba, o sea aun de noche, como era más adecuado para el pensamiento indio, que no veía la noche como algo temible, sino como el principio de lo grande y bueno. Fijémonos también, de paso, que Juan Diego acudía no a la Misa obligatoria del domingo, sino por devoción, a la del sábado, en honor de Nuestra Señora. Cuando más de un siglo después, en 1666, se hizo un proceso para averiguar la verdad de todo lo acontecido, los testigos indios afirmaron "que le llamaban el peregrino" por esas largas caminatas emprendidas sólo por devoción.[2]

El *Tepeyac* es un monte que domina todo el valle. Todos los pueblos han apreciado los montes como sitíos en los que el hombre se eleva intentando sentirse más cerca de Dios. Además, el *Tepeyac* era el sitío donde había estado antes el templo de la diosa madre y, por tanto, un lugar muy querido para los mexicanos, de modo que la Virgen no pudo elegir un sitío mejor para manifestarles su amor.

Hay poemas prehispánicos que hablan de la montaña como lugar de encuentro del hombre con Dios, quien le brinda flores como muestra de su entrega, de modo que en la mente india iba a ser fácil reconocer la aparición como divina. También la música y la danza eran elementos coincidentes, los mexicanos las apreciaban hasta más que los antiguos hebreos, pues ya *el canto y las flores* [**In xóchitl in cuícatl**], era comunicación con Dios, el modo como el hombre podía llegar a El, principio de todo lo bueno y positivo. Así pues, el canto de pájaros divinos, era claro signo de la presencia de Dios.

Los indios de entonces daban gran importancia a la presencia de bellos pájaros, pero la belleza de sus plumas era para ellos signo divino. La expresión [**In chalchihuitl in quetzalli**] *Jade y pluma preciosa* era para ellos no sólo símbolo de belleza, sino de la Belleza misma, o sea de Dios, a una pluma bella la llamaban también [**Teocehualli**] **Sombra de Dios.**

Se detuvo a ver Juan Diego. Se dijo: ¿Por ventura es mi mérito, mi merecimiento lo que ahora oigo? ¿Quizá solamente estoy soñando? ¿Acaso estoy dormido y sólo me lo estoy imaginando? ¿Dónde estoy? ¿Dónde me veo? ¿Acaso ya en el sitío del que siempre nos hablaron los ancianos, nuestros antepasados, todos nuestros abuelos: en su tierra florida, en su tierra de nuestro sustento, en su patria celestial?

Esas alusiones al sueño indicaban, para el indio mexicano, comunicación con lo divino. También, comunicación con sus antepasados quienes seguían jugando un papel muy importante en su vida. Los misioneros creían de buena fe, y así lo predicaban, que todos ellos se habían condenado por ser servidores de los ídolos, puesto que éstos eran demonios. Aquí Juan Diego empieza a intuir que no hay oposición entre su fe cristiana y su religión ancestral y que él mismo, que había hecho el sacrificio de renunciar a ella para poder recibir el Bautismo, no necesitará destruir, sino sólo purificar y completar lo que él y sus antepasados siempre habían venerado.

Tenía fija la mirada en la cumbre del cerrito, hacia el rumbo por donde sale el sol, porque desde allí algo hacía prorrumpir el maravilloso canto celestial.

Es también muy elocuente, en plan de reconciliar su antigua cultura con su fe cristiana, que se mencione que [**Tonatiuh**] el Sol, y el precioso canto celestial procedían de una misma dirección.

Y tan pronto como cesó el canto, cuando todo quedó en calma, entonces oye que lo llaman de arriba del cerrito, le convocan: <<-Mi Juanito, mi Juan Dieguito>>.

Dada la riqueza expresiva de la lengua náhuatl, Juan Diego, con sólo oír que se le llamaba así: por su nombre, sabía que quien le llamaba era una mujer, (pues de haber sido varón no hubiera dicho "Juantzin, Juan Diegotzin", sino [**Juantziné, Juan Diegotziné**]; que esa mujer era cristiana, puesto que, aunque hablaba perfecto náhuatl, no utilizaba su nombre antiguo de *Cuauhtlatoatzin*, sino su nombre cristiano, y también que esa mujer lo amaba y respetaba, puesto que usaba la terminación "tzin", palabra reverencial que los mexicanos actuales intentamos seguir expresando en castellano con el diminutivo.

Además, subrayemos un detalle importantísimo de inculturación: que no es Jesús quien viene a completar la obra de sus enviados, sino es María Santísima, una mujer. Estamos en 1531, en el siglo XVI, hace casi quinientos años. Hoy en día es normal, -gracias a Dios- que la mujer tome parte activa en la vida apostólica de la Iglesia, pero en ese entonces no hubo jamás una sola evangelizadora; todos fueron varones. Y no porque faltaran grandes mujeres, pues hubo colosales santas, como Santa Teresa de Avila, a quien incluso veneramos ahora como Doctora de la Iglesia, pero no se les permitía entonces ninguna participación directa en el apostolado: Sólo se esperaba de ellas que estuvieran orando tras las tapias y rejas de un convento. Todavía un siglo después, al parecer tuvimos una apóstol efectiva en nuestro continente: la Venerable María de Jesús, (1602-1665) que, aunque nunca salió de su convento de Agreda, (en Soria, al norte de España), se aseguró que se aparecía a los indios del Norte de la Nueva España y había convertido a millares... Y esa fama provocó que la Inquisición la procesara, acusándola de haber violado la clausura de su convento, aunque ella pudo fácilmente demostrar que jamás había salido.

En México, en cambio, la importancia de la figura materna obedecía a que, dentro de la sociedad india prehispánica, entregada a la guerra como ideal de religión, había un número notablemente menor de hombres que de mujeres, pues eran muchos los varones que morían jóvenes en las batallas o en el sacrificio. El niño, por tanto, crecía conociendo como experiencia tanto de amor como de autoridad no al padre, sino a la madre, la cual era muy tierna y amorosa, pero también muy exigente y enérgica, como correspondía a una sociedad guerrera. Por esto, el lenguaje materno, de inmensa ternura, era para el indio también de autoridad, y aun de rigor, como podrá notarse en el diálogo de la Virgen y Juan Diego. Dios sabía muy bien que para México era indispensable una apóstol mujer, una apóstol Madre; un español, en ese entonces, jamás hubiera podido imaginarlo, así se tratara de la Madre de Dios. Pero Dios así se inculturó, se adaptó y aceptó lo que eran nuestros padres indios, no pidiendo que cambiaran.

En seguida, pero al momento, se animó a ir allá a donde era llamado.
En su corazón no se agitaba turbación alguna, ni en modo alguno
nada lo perturbaba, antes se sentía muy feliz, rebosante de dicha.
Fue pues a subir al montecito, fue a ver de dónde era llamado.

Notemos que por cuatro veces subraya el texto tanto la ausencia de
miedo y como la alegría de su experiencia: *se animó... no se agitaba*
turbación alguna... nada lo perturbaba... muy feliz, rebosante de
dicha. Los mexicanos no tenían miedo de Dios, de quien se sentían
colaboradores. Su religión -que era su vida- no sólo no la vivían como
terrorífica, sino como una continua fiesta.

Y al llegar a la cumbre del cerrito, tuvo la dicha de ver a una Don-
cella, que por amor a él estaba allí de pie, la cual tuvo la delicadeza
de invitarlo a que viniera 'juntito' a Ella.
   Y cuando llegó a su adorable presencia, mucho se sorprendió por
la manera que, sobre toda ponderación, destacaba su maravillosa
majestad: sus vestiduras resplandecían como el sol, como que deste-
llaban, y la piedra, el risco en que estaba de pie, como que lanzaba
flechas de luz; su excelsa aureola semejaba al jade más precioso, a
una joya, la tierra como que bullía de resplandores, cual el arco iris
en la niebla. Y los mezquites y nopales, y las otras varias hierbezuelas
que ahí se dan, parecían esmeraldas. Cual la más fina turquesa su
follaje, y sus troncos, espinas y ahuates deslumbraban como el oro.

Juan Diego encuentra a una joven no sólo deslumbrantemente bella,
sino ataviada con *vestiduras resplandecientes como el sol... jade más*
precioso... arco iris... esmeraldas... turquesa... oro, cosas todas que,
para un indio, denotaban carácter divino. Sin embargo Ella, lejos
de ser altanera o despótica, lo espera no sentada en un trono, como
correspondería a una reina, sino de pie, y lo llama a que se coloque
estrechamente junto a Ella.

Ante su presencia se postró. Escuchó su venerable aliento, su amada palabra, infinitamente grata, aunque al mismo tiempo majestuosa, fascinante, como de un amor que del todo se entrega. Se dignó decirle: <<-Escucha bien, hijito mío el más pequeño, mi Juanito: ¿A dónde te diriges?>>

Y él le contestó: <<-Mi señora, mi reina, mi muchachita, allá llegaré a tu casita de México Tlatelolco. Voy en pos de las cosas de Dios que se dignan darnos, enseñarnos, quienes son imágenes del Señor, nuestro Dueño, nuestros sacerdotes>>.

Fijémonos que Juan Diego de inmediato la identifica: antes de que Ella se presente como la Madre de Dios, él la asocia con su religión cristiana, llamando "tu casita" al templo al que se dirige *en pos de las cosas de Dios*, y a quienes las enseñan, que son los frailes españoles, los considera *imágenes del Señor nuestro Dueño*, lo que quiere decir mucho en contexto náhuatl, pues *imagen* para un pueblo que se comunicaba con imágenes, era no sólo una representación, sino como un "otro-yo". Esta es la raíz del respeto que los pueblos indígenas brindan a los sacerdotes.

Acto continuo dialoga con él, le hace el favor de descubrirle su preciosa y santa voluntad, le comunica: <<-Ten la bondad de enterarte, por favor pon en tu corazón, hijito mío el más amado, que yo soy la perfecta siempre Virgen Santa María, y tengo el privilegio de ser Madre del verdaderísimo Dios, de Ipalnemohuani, (Aquel por quien se vive), de Teyocoyani (del Creador de las personas), de Tloque Nahuaque (del Dueño del estar junto a todo y del abarcarlo todo), de Ilhuicahua Tlaltipaque (del Señor del Cielo y de la Tierra). Mucho quiero, ardo en deseos de que aquí tengan la bondad de construirme mi templecito, para allí mostrárselo a ustedes, engrandecerlo, entregarles a El, a El que es todo mi amor, a El que es mi mirada compasiva, a El que es mi auxilio, a El que es mi salvación.

Estas son palabras maravillosas para un indio, pues lo que oye es nada menos que la Madre del Dios cristiano es también la Madre del Dios mexicano. Los antiguos mexicanos creían en un único Dios del que los demás eran sólo aspectos, pero éste único Dios era demasiado importante para ocuparse directamente de ellos. Aquí, sin embargo, oyen que ese Dios los amó tanto que se hizo como ellos, con una madre humana, Santa María, quien les especifica que su Hijo es precisamente [**Ipalnemohuani, Teyocoyani, Tloque Nahuaque, Ilhuicahua Tlaltipaque**]], nombres que para ellos inconfundibles, y que, además, *ardía en deseos* de un templo para en él mostrárselo, engrandecerlo y entregárselo. La razón de ser del templo es para mostrar a Jesús.

Los mexicanos identificaban la nación con su templo... Como ya no había templos mexicanos, había cesado de existir la nación mexicana. Ahora en cambio, con ese templo que Ella pide para su Hijo, la nación va a resurgir. En seguida oirán algo mucho más maravilloso: que Ella es también madre de todos ellos. La *mirada compasiva* se refiere, desde luego, a su Hijo, pero también es como ella en su imagen nos mira, no de frente, sino de soslayo, como tenía que hacerla toda doncella bien educada, tal como le enseñaba la madre a su hija.

Porque en verdad yo me honro en ser madre compasiva de todos ustedes, tuya y de todas las gentes que están aquí en esta tierra, y de los demás variados linajes de hombres, mis amadores, los que a mí clamen, los que me busquen, los que me honren confiando en mi intercesión.

¡Nada más bello podían oír gentes con tanta hambre de Dios como fueron nuestros antepasados indios! ¡Que la Madre de Dios se honraba siendo madre suya *y de todas las gentes que están aquí en esta tierra, y de los demás variados linajes de hombres.* Pero también veamos que eso implicaba una inmediata y dura exigencia: la de aceptar como hermanos no sólo a todos los que estaban en la tierra, sino a todos *los demás variados linajes de hombres.* En su tierra siempre había habido luchas; siempre habían estado tribu contra tribu... Ahora se enteraban de que tenían una madre común, que para ella, por tanto, toda la tierra era su casa y que por consiguiente ella quien la gobernaba y todos ellos, incluyendo a los españoles, eran sus hijos y, por ende, hermanos entre sí. Con esto no hace sino repetir lo que su Hijo pidió en su oración sacerdotal: "Padre... que sean uno como tú y yo somos uno" (Jn. 17:11), palabras que son resumen de toda su obra y su mensaje. Por otra parte también, ese mismo era el ideal indio: que todos, aun los enemigos, son parte de un conjunto que debe protegerse y resguardarse, y era también su idea de familia: [**Cencalli**] *Toda la casa,* pues todo el que está en la casa de mi madre es automáticamente mi familia.

Porque allí estaré siempre dispuesta a escuchar su llanto, su tristeza, para purificar, para curar todas sus diferentes miserias, sus penas, sus dolores.

Nada más propio de una madre que *escuchar llanto... curar miserias, penas y dolores,* pero, en este caso, tratándose de la Madre de Dios y, por tanto, de alguien que puede alcanzar todo de su Hijo y, por tanto, impedir que sus otros hijos tuviéramos penas y dolores, cabría preguntarse: ¿Por qué consolarnos si podría haber hecho que no tuviéramos esas mismas miserias, penas y dolores? La respuesta es sencilla: Ninguna madre, que de verdad ame, evita las penas y dolores a sus hijos, porque es parte de la vida y porque sabe que es así como aprenden, mejoran y crecen.

Todos los ingenuos o demagogos de la historia han prometido a los mortales suprimirles precisamente miserias, penas y dolores, ofreciendo a sus seguidores desde un "Nirvana" libre de todo apego hasta un "paraíso del proletariado". Cristo, muy al contrario, dejó claro que "renuncie a sí mismo, cargue con su cruz"(Mt. 16:24); era esencial para su seguimiento pero que nadie que acudiera a El se sentiría agobiado, puesto que "mi yugo es suave y mi carga ligera" (Mt. 11:30). Eso es lo mismo que ella hace.

Y para realizar con toda certeza lo que pretende Él, mi mirada misericordiosa, ojalá aceptes ir a al palacio del Obispo de México, y le narres cómo, nada menos que yo, te envío de embajador para que le manifiestes cuan grande y ardiente deseo tengo de que aquí me provea de una casa, de que me levante en el llano mi templo. Absolutamente todo, con todos sus detalles, le contarás: cuanto has visto y admirado, y lo que has oído.

Hubiera sido muy fácil pedirle a Diego que él levantase un temp solicitando quizá la ayuda de su paisanos indios. ¡Lo hubieran hecho en seguida!, pero ese templo hubiera sido motivo no de unión, sino de división entre **todas las gentes que están aquí en esta tierra**, pues los españoles no lo hubieran permitido y, aunque lo permitiesen, resultaría un templo indio, no un templo de y para **todas las gentes que están aquí en esta tierra**. Además, Marí Santísima, Madre de Dios, no es diosa, 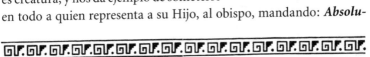 es creatura, y nos da ejemplo de someterse en todo a quien representa a su Hijo, al obispo, mandando: *Absolu-*

tamente todo, con todos sus detalles, le contarás: cuanto has visto y admirado, y lo que has oído.

Pero el Obispo, Fray Juan de Zumárraga, no iba a ser fácil de convencer. Zumárraga era rectísimo, pero de carácter violento, inquisidor desconfiado, para nada crédulo y no simpatizante de imágenes y devociones populares. Su actitud ante la religión india era de total rechazo: En junio de ese mismo de año 1531, es decir apenas cinco meses antes de recibir a Juan Diego, se precia en una carta al Capítulo General de su Orden, en Tolosa, de haber arrasado con cuanto había podido: "quinientos templos de los dioses y más de 20,000 imágenes de los demonios que adoraban…" Para colmo, tampoco era realmente Obispo, pues no estaba consagrado, ni tenía poder, pero era quien representaba a Cristo en la tierra, y por tanto era a quien Ella se sometía, de modo que, aunque no va a ser nada fácil de convencer, exige que no se le oculte nada.

Y en verdad esto no iba a ser fácil, pues para cualquier español, más aun, para cualquier cristiano de ese entonces, -¡Ya no digamos para un inquisidor!- una teofanía a un recién converso, armada toda ella con elementos de su anterior "paganismo", y que pedía un templo a la Madre de Dios, precisamente donde había estado el ídolo de la la madre de los dioses paganos que él pretendía demoler, tenía que suscitar recelo y ser tachada de "invención satánica".

Y quédate seguro de que mucho te lo voy a agradecer y a pagártelo, pues te enriqueceré, te glorificaré, Y mucho merecerás con esto que yo recompense tu cansancio, tu molestia de ir a ejecutar la embajada que te confiero.

Ya has oído, Hijo mío el más amado, mi aliento, mi palabra: ¡Ojalá aceptes ir y tengas la bondad de poner todo tu esfuerzo!>>

Aparentemente la Virgen no cumplió muy bien con su promesa de "enriquecer" a Juan Diego, pues él después renunció hasta a lo poco que tenía y dedicó el resto de su vida a servirla como guardián sin sueldo de su ermita, pero, del punto de vista indio, desde luego que cumplió, y de inmediato, pues inmediata fue su fama: Juan Diego y su tío pasaron a la historia como "muy buenos indios, y muy buenos Cristianos", y eso entre gentes que tenían un sentido exigentísimo de la excelencia, pues todos los puestos, todos los honores, estaban supeditados a méritos, a méritos personales, reservándose siempre a los mejores.

Primera entrevista con Zumárraga

E inmediatamente en su presencia se postró, respetuosamente le dijo: <<Señora mía, mi Niña, por supuesto que ya voy para poner por obra tu venerable aliento, tu amada palabra. Por ahora de ti me despido, yo, tu humilde servidor.>>

En seguida bajó para ir a poner por obra su encargo: Vino a tomar la calzada que viene derecho a México. Y cuando hubo llegado al interior de la ciudad, de inmediato y directo se fue al palacio del Obispo que muy recientemente había llegado de Jefe de Sacerdotes, cuyo reverendo nombre era D. Fray Juan de Zumárraga, sacerdote de San Francisco.

Juan Diego obedece al instante y, con todo buen criterio, prescinde de ir a Tlaltelolco y va directamente a ver al señor Obispo, quien, efectivamente, no hacía mucho tiempo, apenas tres años, que había llegado y no había dejado de tener agrios problemas con las autoridades civiles de la Primera Audiencia, auténticos desalmados que no sólo le impedían comunicarse con España para que no los acusase, sino que lo habían calumniado a él acusándolo de traidor ante la Corte. Esta lo había mandado llamar, y estaba a pocos meses de embarcarse, lo que también explica que no le pudiera poner mucha atención a Juan Diego, preocupado como estaba por cosas, en ese momento, mucho más graves y urgentes.

Y al llegar, de inmediato hace el intento de verlo, rogando a sus servidores, sus domésticos, que vayan a anunciarlo. Al cabo de una espera un tanto excesiva, vienen a llamarlo cuando el señor Obispo tuvo a bien convocarlo para que pasara.

Y en cuanto entró, en seguida en su presencia se arrodilló, se postró. Luego ya le declara, le narra el venerable aliento, la preciosa palabra de la Reina del Cielo, su mensaje, y también le refirió respetuosamente todas las cosas que admiró, que miró, que escuchó.

Y cuando hubo escuchado todas sus palabras, su mensaje, como que no del todo le dio crédito. Le respondió, se dignó decirle: <<-Hijito mío, otra vez vendrás, con calma te oiré, muy aun desde el principio lo miraré, pensaré en lo que te hizo venir acá, tu voluntad, tu deseo.>>

Cualquier obispo sensato, entonces, hoy y en cualquier parte del mundo, hubiera actuado de manera similar ante una embajada semejante, y tanto más Zumárraga que tenía esas preocupaciones y que, como español de su época, desconfiaba de la sinceridad de la conversión de los indios. Hemos de admitir que tenía que parecerle muy sospechoso que un neófito recién converso viniera a decirle que la Madre de Dios le pedía a él, el Obispo, que construyera un templo en un sitio apartado, y nada menos que exactamente donde había estado el templo del ídolo que los indios consideraban madre de los dioses y de ellos.

Segunda aparición

Salió, pues, abatido de tristeza porque su encomienda no se realizó de inmediato. En seguida se regresó. Poco después, ya al acabar el día, se vino luego en derechura a la cumbre del cerrito, y allí tuvo la grande suerte de reencontrar a la Reina del Cielo, allí precisamente donde por primera vez la había visto. Lo estaba esperando bondadosamente.

Al salir, fracasado, no hace falta gran imaginación para entender cuán lastimada debía estar su delicada sensibilidad india. Si había visto a la Virgen al amanecer y regresaba "al acabar el día", estaba claro que la mayor parte de éste lo tuvieron relegado esperando, sin probar bocado, tenso ante la impresionante entrevista y ansioso para cumplir bien su cometido. Debía, pues, sentirse malísimo ante el fracaso de su misión y ante la pena de anunciárselo a la Señora, unido todo eso al cansancio de tantas horas de esa espera dolorosa y humillante, pero se guarda mucho de decirle nada de eso.

Y apenas la miró, se postró en su presencia, se arrojó por tierra, tuvo el honor de decirle: <<Dueña mía, Señora, Reina, Hijita mía la más amada, mi Virgencita, fui allá donde Tú me enviaste como mensajero, fui a cumplir tu venerable aliento, tu amable palabra. Aunque muy difícilmente, entré al lugar del estrado del jefe de

los Sacerdotes. Lo vi, en su presencia expuse tu venerable aliento, tu amada palabra, como tuviste la bondad de mandármelo>>. <<Me recibió amablemente y me escuchó bondadosamente, pero, por la manera como me respondió, su corazón no quedó satisfecho, no lo estima cierto. Me dijo: Otra vez vendrás, aún con más calma te oiré, muy aun desde el principio examinaré la razón por la que has venido, tu deseo, tu voluntad.>>

<<Me di perfecta cuenta, por la forma cómo me contestó, que piensa que el templo que Tú te dignas concedernos el privilegio de edificarte aquí, quizá es mera invención mía, que tal vez no es de tus venerados labios. Por lo cual, mucho te ruego, Señora mía, mi Reina, mi Virgencita, que ojalá a alguno de los ilustres nobles, que sea conocido, respetado, honrado, a él le concedas que se haga cargo de tu venerable aliento, de tu preciosa palabra para que sea creído.>> <<Porque yo en verdad no valgo nada, soy mecapal, soy cacaxtle, soy cola, soy ala, sometido a hombros y a cargo ajeno, no es mi paradero ni mi paso allá donde te dignas enviarme, Virgencita mía, Hijita mía la más amada, Señora, Reina. Por favor, perdóname: afligiré tu venerado rostro, tu amado corazón. Iré a caer en tu justo enojo, en tu digna cólera, Señora, Dueña mía>>.

En este diálogo encontramos varios ejemplos de la refinada delicadeza india, que mezcla la formalidad y la ternura, la solemnidad y la familiaridad: **Señora, Reina**, e **Hijita mía la más amada**.

Que Juan Diego limite al adverbio **difícilmente** todo su comentario de haber sufrido un día entero relegado y esperando, es realmente una gentil insinuación; pero no es ociosa, sino indicativa de la sutil delicadeza indígena inculcada desde la infancia, psicología que en parte ha heredado el mexicano. Juan Diego siente que no puede quejarse ante la Señora sin ofenderla a Ella, puesto que fue Ella quien lo mandó, por eso, por atención y deferencia, suaviza su informe lo más que puede, puesto que cualquier queja vendría a traducirse en un reproche contra Ella. Muy al contrario, tiene la delicadeza de atribuir el fracaso a su propio ineptitud. Igualmente, su gentileza india suaviza la no tan delicada acogida de Zumárraga. Esto es importante tomarlo en cuenta para que se entienda lo que vendrá después, cuando aparentemente trata de "engañarla" tomando otro camino para no encontrarse con Ella. El, sin embargo, tiene genuino e inmenso interés en que sí se construya ese templo que desea la Señora, por lo que le ruega prescindir de él y enviar alguien que sí tenga las cualidades necesarias.

Y la siempre gloriosa Virgen tuvo la afabilidad de responderle: <<Escucha, hijito mío el más pequeño, ten por seguro que no son pocos mis servidores, mis embajadores mensajeros a quienes podría confiar que llevaran mi aliento, mi palabra, que ejecutaran mi voluntad; mas es indispensable que seas precisamente tú quien negocie y gestione, que sea totalmente por tu intervención que se verifique, que se lleve a cabo mi voluntad, mi deseo. Y muchísimo te ruego, hijito mi consentido, y con rigor te mando, que mañana vayas otra vez a ver al Obispo. Y de mi parte adviértele, hazle oír muy claro mi voluntad, mi deseo para que realice, para que haga mi templo que le pido. Y de nuevo comunícale de que manera nada menos que yo, yo la siempre Virgen María, la Venerable Madre de Dios, allá te envío de mensajero.>>

En el Evangelio, Jesús insistió en que cada uno tenemos la responsabilidad de ser operarios en su mies, (Mt 9:37; Lc 10:2), y eso mismo es lo que hace María Santísima: también Ella es totalmente explícita en que la Evangelización de México, que Ella pretende, tiene que ser obra de los que viven en estas tierras, comprendiendo en esto a todos: indios y españoles. Ya hemos visto, y veremos aún, que exige la intervención de Zumárraga, pero no es menos explícita en cuanto a exigir la de Juan Diego. Es categórica en desechar el supuesto implícito de que no conoce la realidad del enviado, y que por ello está a punto de cometer la imprudencia de escoger un inepto, y le reafirma, en perfecto acuerdo a la etiqueta náhuatl, que *es indispensable que seas precisamente tú quien negocie y gestione, que sea totalmente por tu intervención que se verifique, que se lleve a cabo mi voluntad, mi deseo.* Esto, además de ser un gran abono a la calidad personal de **Juan Diego**, es parte admirable de la pedagogía divina de adaptación al otro, de "inculturación", siglos antes de que ésta se aceptara, o aun se concibiera.

Por otra parte, la delicadísima afabilidad y ternura de María, en ningún momento implican omisión de su grandeza: es la Madre de Dios, y puede dirigirse a Juan Diego, al Obispo, y a toda la Iglesia con autoridad de Reina: *Y de mi parte adviértele, hazle oír muy claro mi voluntad, mi deseo para que realice, para que haga mi templo que le pido. Y de nuevo comunícale de que manera nada menos que yo, yo la siempre Virgen María, la Venerable Madre de Dios, allá te envío de mensajero.*

Y Juan Diego le respondió respetuosamente, le dijo reverentemente: <<-Señora mía, Reina, Virgencita mía, ojalá que no aflija yo tu venerable rostro, tu amado corazón; con el mayor gusto iré, voy ciertamente a poner en obra tu venerable aliento, tu amada palabra; de ninguna manera me permitiré dejar de hacerlo, ni considero penoso el camino. Iré, pues, desde luego, a poner en obra tu venerable voluntad, pero bien puede suceder que no sea favorablemente oído, o, si fuere oído, quizá no seré creído; pero mañana, por la tarde, cuando se ponga el sol, vendré a devolver a tu venerable aliento, a tu amada palabra lo que me responda el Jefe de los Sacerdotes>>.

<<Ya me despido, Hijita mía la más amada, Virgencita mía, Señora, Reina. Por favor, quédate tranquila>>. Y, acto continuo, él se fue a su casa a descansar.

María Santísima ordena a Juan Diego una difícil tarea al mandarle volver con el obispo que ya lo había rechazado. La cosa era hasta peligrosa, pues el interés por un templo cristiano en el mismo sitio donde había estado otro pagano suscitaba sospechas de idolatría, que estaba penada con la muerte. Cuando Moisés recibió en el Sinaí el encargo similar de ir a hablar con el Faraón, que antes había amenazado matarlo, puso cuanto subterfugio pudo para no aceptar (Ex 4: 1-13). Es pues notable el contraste con Juan Diego que de inmediato contesta: *...con el mayor gusto iré, voy ciertamente a poner en obra tu venerable aliento, tu amada palabra; de ninguna manera me permitiré dejar de hacerlo, ni considero penoso el camino.*

Y así, la actuación del primer día termina con la enternecedora preocupación de él, "el hijo más pequeño" por el reposo de Ella, siendo que era Juan Diego quien sí que debía estar exhausto.

Segunda entrevista con Zumárraga

Al día siguiente, Domingo, muy de madrugada, cuando todo estaba aún muy oscuro, de allá salió de su casa hacia acá, a Tlaltelolco: viene a aprender las cosas divinas, a ser pasado en lista; luego a ver al Gran Sacerdote.

Vale la pena hacer notar que esa referencia topológica: *salió de su casa hacia acá, a Tlaltelolco* nos muestra que el texto fue escrito ahí, en Tlaltelolco, lo que es una confirmación de que su autor fue Antonio Valeriano, quien fue alumno, maestro y rector del Colegio de Santa Cruz, instalado ahí.

Y como a las diez de la mañana estuvo dispuesto: se había oído Misa, se había pasado lista, se había dispersado toda la gente. Y él, Juan Diego, luego fue al palacio del señor Obispo. Y tan pronto como llegó, hizo todo lo posible para tener el privilegio de verlo, y con mucha dificultad otra vez tuvo ese honor.

A sus pies hincó las rodillas, llora, se pone triste, en tanto que dialoga, mientras le expone el venerable aliento, la amada palabra de la Reina del Cielo, para ver si al fin era creída la embajada, la voluntad de la Perfecta Virgen, tocante a que le hagan, le edifiquen, le levanten, su templo donde se dignó indicarlo, en donde se digna quererlo.

Juan Diego, que el día anterior tuvo el buen criterio de ir de inmediato a cumplir el encargo de la Señora del Cielo, omitiendo la asistencia a Misa que se celebraba en su honor y a la que él acudía por libre devoción, ahora, en domingo, para nada se considera exentado de su obligación de hacerlo. Tampoco llega ante el Obispo con la actitud desafiante de quien se sabe portador de una orden reconfirmada de la Reina de Cielo, sino con la humildad y miedo de quien siente que él puede ser causa de que se frustre algo que sincerísimamente desea: *A sus pies hincó las rodillas, llora, se pone triste en tanto que dialoga, mientras le expone el venerable aliento, la amada palabra de la Reina del Cielo, para ver si al fin era creída la voluntad de la Perfecta Virgen, tocante a que le hagan, le edifiquen, le levantan su templo donde se dignó indicarlo, en donde se digna quererlo.*

Y el señor Obispo muchísimas cosas le preguntó, le examinó, para que bien en su corazón constase (para cerciorarse) dónde fue a verla, qué aspecto tenía. Todo lo narró al señor Obispo, con todos sus detalles, pero, pese a que todo absolutamente se lo pormenorizó, hasta en los más menudos detalles, y que en todas las cosas vio, se asombró porque clarísimamente aparecía que Ella era la perfecta Virgen, la venerable, gloriosa y preciosa Madre de nuestro Salvador Jesucristo, a fin de cuentas, no estuvo de acuerdo de inmediato, sino que le dijo que no nada más por su palabra, su petición, se haría, se ejecutaría lo que solicitaba, que era todavía indispensable algo como señal para que poder creerle que era precisamente Ella, la Reina del Cielo, quien se dignaba enviarlo de mensajero.

La Señora se había identificado como Madre de Dios, había sido muy clara en que se trataba del mismo que siempre habían venerado los mexicanos, pero no había mencionado a Jesucristo. La identificación de éste con *Ipalnemohuani, Tloque Nahuaque, Teyocoyani...* es mérito de Juan Diego, lo que demuestra la madurez e ilustración de su fe, y la corrección con que había entendido quién era la *Señora Reina* que le hablaba. Si alguien pensara que estamos exagerando, atribuyendo a un indio alcances que no podía tener, varios misioneros comentan eso mismo de los catequistas indios, que no sólo captaban todo a perfección, sino que superaban a su maestro español, añadiendo más de lo que éste les había enseñado.

Aquí también podemos comprobar que Zumárraga no fue nada crédulo, y lo duramente exprimido que fue Juan Diego: *Muchísimas cosas le preguntó, le examinó...* Zumárraga era inquisidor, experto en interrogar y en desenmascarar, y fue en eso tan duro con los indios recién conversos, que la Corona los sustrajo de su jurisdicción. Con todo, el rudo examen fue exitosamente aprobado: *clarísimamente aparecía que Ella era la perfecta Virgen, la venerable, gloriosa y preciosa Madre de nuestro Salvador Jesucristo...* Alguien menos exigente quizá se hubiera dado por satisfecho, pero Zumárraga no: a fin de cuentas, esto no venía sino a comprobar que Juan Diego no mentía, lo que, obviamente, era insuficiente para cualquier Obispo responsable, puesto que podía haber tenido una alucinación, por lo cual exige una prueba, una señal, haciéndonos el inmenso favor de que, después de siglos, la tengamos aún en la imagen milagrosa que seguimos venerando.

Y tan pronto como lo oyó, Juan Diego dijo respetuosamente al Obispo: <<-Señor Gobernante, por favor sírvete ver cuál será la señal que tienes a bien pedirle, pues en seguida me pondré en camino para solicitársela a la Reina del Cielo, que se dignó enviarme acá de mensajero>>.

Y cuando vio el Obispo que todo lo confirmaba, que desde su pri-

mera reacción en nada titubeaba o dudaba, luego lo despidió; pero apenas hubo salido, luego ordenó a algunos criados, en quienes tenía gran confianza, que fueran detrás de él, que cuidadosamente lo espiaran a dónde iba, y a quién veía o hablaba.

La naturalidad de Juan Diego al aceptar de inmediato que se pida una señal, y, más aun, su candorosa pregunta de cuál debe ser ésta, impactó ciertamente a Zumárraga, pues nada desarma tanto a un escepticismo como la evidencia de la buena fe, manifestada en la pronta disponibilidad a cualquier control, pero no se dejó convencer y montó una vigilancia suplementaria, a espaldas del interesado. Y no se fió de un cualquiera, sino de *algunos criados, en quienes tenía gran confianza*, e impartiéndoles consignas tan minuciosas cuanto cautelosas: *que fueran detrás de él, que cuidadosamente lo espiaran a dónde iba, y a quién veía o hablaba.*

Y así se hizo. Y Juan Diego en seguida se vino derecho, enfiló la calzada. Y lo siguieron, pero allí donde sale la barranca, cerca del Tepeyac, por el puente de madera, lo perdieron de vista, y por más que por todas partes lo buscaron, ya en ningún lugar lo vieron, por lo que se regresaron. Y con eso no sólo se vinieron a enfadar grandemente, sino también porque los frustró, los dejó furiosos, de manera que le fueron a insistir al señor Obispo, le metieron en la cabeza que no le creyera, le inventaron que lo que hacía era sólo engañarlo deliberadamente, que era mera ficción lo que forjaba, o bien que sólo lo había soñado, sólo imaginado en sueños lo que decía, lo que solicitaba. Y en este sentido se confabularon unos con otros, que si llegaba a volver, a regresar, allí lo habían de agarrar y castigar duramente para que otra vez ya no ande contando mentiras, ni alborotando a la gente.

Podemos juzgar, por el extremo enojo con que reaccionan, que los enviados de gran confianza, no habían apreciado mucho que digamos la comisión de seguir durante kilómetros el ágil paso de un indígena, estimando que era tonto conceder tanta importancia a alguien tan insignificante. El haberle perdido de vista no necesariamente implica algo sobrenatural, quizá sólo fue producto de su descuido, lo que aumentaría su mal humor, pues tendrían que confesarlo ante su jefe. En todo caso, pese a que no podían dar fe de nada, inventan un "chivo expiatorio" de su fracaso, decidiendo no nada más calumniarlo de falsario, sino agredirlo, si se les presentaba la ocasión.

Tercera aparición

Entre tanto Juan Diego estaba en la presencia de la Santísima Virgen, comunicándole la respuesta que venía a traerle de parte del señor Obispo. Y cuando se lo hubo notificado, la Gran Señora y Reina le respondió: <<Así está bien, Hijito mío el más amado, mañana de nuevo vendrás aquí para que lleves al Gran Sacerdote la prueba, la señal que te pide. Con eso en seguida te creerá, y ya, a ese respecto, para nada desconfiará de ti ni de ti sospechará. Y ten plena seguridad, Hijito mío predilecto, que yo te pagaré tu cuidado, tu servicio, tu cansancio que por amor a mí has prodigado. ¡Animo, mi muchachito! que mañana aquí con sumo interés habré de esperarte>>.

Aquí las cosas cambian por completo. Aparentemente ya habían terminado todos los problemas de Juan Diego y había superado exitosamente las pruebas a las que la Señora había querido someterlo, y lo tranquiliza asegurándole el feliz éxito de su misión, lo cual debió causarle una gran alegría y un gran deseo de poder volver para cosechar los frutos de lo que tan penosamente le había pedido sembrar. Pero... ¡faltaba lo peor!

El tío moribundo

Pero a la mañana siguiente, lunes, cuando Juan Diego debería llevarle alguna señal suya para ser creído, ya no regresó, porque cuando llegó a su casa, a un tío suyo, de nombre Juan Bernardino, se le había asentado la enfermedad, estaba en las últimas, por lo que se pasó el día buscando médicos, todavía hizo cuanto pudo al respecto; pero ya no era tiempo, ya estaba muy grave. Y al anochecer, le rogó instantemente su tío que, todavía de noche, antes del alba, le hiciera el favor de ir a Tlaltelolco a llamar a algún sacerdote para que viniera, para que se dignara confesarlo, se sirviera disponerlo, porque estaba del todo seguro que ya era la ahora, ya era el aquí para morir, que ya no habría de levantarse, que ya no sanaría.

En la cultura náhuatl el "tío" era una figura sin equivalente en la nuestra. Estando el verdadero padre con gran frecuencia ocupado en alguna guerra lejana, de la que era muy posible que nunca volviera, quedaba siempre alguien encargado de la familia, del bienestar de la esposa y de los hijos, el "tío". De modo que para Juan Diego su tío era como su verdadero padre, con quien había crecido y a quien más amaba.

No sabemos de qué se enfermó Juan Bernardino, pero sí sabemos que fue algo inesperado, que Juan Diego lo había dejado bueno y sano antes de salir, que el mal fue fulminante, ya que en pocas horas lo puso a las puertas de la muerte y que él o los médicos indígenas a los que Juan Diego acudió nada pudieron hacer, todo lo cual coincide con el cuadro de alguna de las pestes "importadas" por los españoles. Sabemos que en ese año hubo una peste de sarampión, y que habían tenido ya otra de viruela, hacía once años, que había cobrado la vida de muchos indios. A esta peste de sarampión la llamaron "tepiton zahuatl", que quiere decir pequeña lepra.

También conocemos el inmenso aprecio que tuvieron los indios por el Sacramento de la Confesión, y notemos que Juan Bernardino pide **algún sacerdote para que viniera, para que se dignara confesarlo, se sirviera disponerlo**, sin mencionar el Viático ni la Unción de los enfermos, pues -por raro que hoy nos parezca- estos sacramentos no se les impartían en un principio a los indios.

También demuestra gran madurez en la Fe, que Juan Diego haga a un lado cosas tan inmensamente importantes y gratas para él, como una cita con la Madre de Dios y una embajada, esta vez con éxito asegurado, ante el Obispo, para atender a su tío moribundo, madurez que ya tenía, puesto que desde su cultura prehispánica se le había enseñado que los enfermos "son imagen de dios". Su Bautismo vino a coronar, no a crear, una sólida virtud que como indio ya poseía.

Y el martes, todavía en plena noche, de allá salió, de su casa, Juan Diego, a llamar al sacerdote, allá en Tlatelolco.

Es fácil imaginar la desolación de Juan Diego al salir, a media noche, después de un día angustíoso y frustrante, muerto de frío, no a la gloriosa cita que tiene con la Reina del Cielo, sino a la difícil tarea de conseguir un sacerdote para su tío agonizante. Una observación pertinente es que, debiendo caminar largas horas en temperaturas bajo cero (expresamente se menciona al "hielo" en la narración), no podía llevar una tilma pequeña colgada suelta de los hombros, como suele representársele, sino una grande para abrigarse mejor, con la que pudiera arroparse y embozarse.

Y cuando ya vino a llegar a la cercanía del cerrito Tepeyac, a su pie, donde sale el camino, hacia el lugar donde se pone el sol, donde antes él pasara, se dijo: <<-Si sigo de frente por el camino, no vaya a ser que me vea la noble Señora, porque como antes me hará el honor de detenerme para que lleve la señal al Jefe de los Sacerdotes, conforme a lo que se dignó mandarme. Que por favor primero nos deje nuestra aflicción, que pueda yo ir rápido a llamar respetuosamente el sacerdote religioso. Mi venerable tío no hace sino estar aguardándolo>>.

En seguida le dio la vuelta al monte por la falda, subió a la otra parte, por un lado, hacia donde sale el sol, para llegar rápido a México, para que no lo demorara la Reina del Cielo. Se imaginaba que por dar allí la vuelta, de plano no iba a verlo Aquella cuyo amor hace que absolutamente y siempre nos esté mirando.

Esto podría parecer una tontería por parte de Juan Diego, de imaginarse que *por dar allí la vuelta, de plano no iba a verlo Aquella cuyo amor hace que absolutamente y siempre nos esté mirando*, pero no es sino cortesía. A él ni por la cabeza le pasa "cobrarle" el servicio pidiéndole un milagro, y como lo que le importa en ese momento es tratar de dar a su tío el supremo servicio de un confesor, y, reconociendo justamente mayor importancia a eso que a cualquier otra cosa en el mundo, sabe que debe negarse a la Señora, y no quiere causarle esa pena.

Para su innata cortesía india es impensablemente ruda una negativa directa, por lo cual hace lo mismo que seguimos haciendo los mexicanos: Evita decir el no directo, esquivando el compromiso que no se puede satisfacer. Que esto se haga con un subterfugio evidente, es lo de menos, porque es lo que nosotros entendemos perfectamente y los extranjeros no: que damos por supuesto que nuestro interlocutor entiende así la negativa, apreciando y agradeciendo la delicadeza de no haberla hecho directa.

Pero la vio como hacia acá bajaba de lo alto del montecito, desde donde se había dignado estarlo observando, allá donde desde antes lo estuvo mirando atentamente. Le vino a salir al encuentro de lado del monte, vino a cerrarle el paso, se dignó decirle: <<-¿Qué hay, Hijo mío el más pequeño? ¿A dónde vas? ¿A dónde vas a ver?>>.

Juan Diego, que nada sabe del maravilloso regalo que le tiene reservado la Señora, se siente profundamente apenado y desconcertado ante la falta de cortesía de Ella, pues era impensable que cualquier persona bien educada, y máxime una Reina, hubiese tenido la imprudencia de salirle al encuentro sabiendo que la rehuía precisamente para no apenarla, puesto que no podía concederle lo que pedía; pero Ella, que demuestra conocer la etiqueta mexicana perfectamente, entiende y agradece la treta de Juan Diego ni remotamente aludiéndola, ni insinuando el más leve disgusto o desaprobación, (que además no podía tener tratándose de una obra de caridad), antes le allana el camino, obligándolo a franquearse con Ella y revelarle sus angustias: *¿Qué hay, Hijo mío el más pequeño? ¿A dónde vas, a dónde vas a ver?*

Y él, ¿acaso un poco por eso se apenó, tal vez se avergonzó, o acaso por eso se alteró, se atemorizó? En su presencia se postró, con gran respeto la saludó, tuvo el honor de decirle: <<-Mi Virgencita, Hija mía la más amada, mi Reina, ojalá estés contenta; ¿Cómo amaneciste? ¿Estás bien de salud Señora mía, mi Niñita adorada? Causaré pena a tu venerado rostro, a tu amado corazón: Por favor, toma en cuenta, Virgencita mía, que está gravísimo un criadito tuyo, tío mío. Una gran enfermedad en él se ha asentado, por lo que no tardará en morir. Así que ahora tengo que ir urgentemente a tu casita de México, a llamar a alguno de los amados de nuestro Señor, de nuestros sacerdotes, para que tenga la bondad de confesarlo, de prepararlo. Puesto que en verdad para esto hemos nacido: vinimos a esperar el tributo de nuestra muerte. Pero, aunque voy a ejecutar esto, apenas termine, de inmediato regresaré aquí para ir a llevar tu venerable aliento, tu amada palabra, Señora, Virgencita mía. Por favor, ten la bondad de perdonarme, de tenerme toda paciencia. De ninguna manera en esto te engaño, Hija mía la más pequeña, mi adorada Princesita, porque lo primero que haré mañana será venir a toda prisa>>.

La incondicionalidad de Juan Diego sigue siendo admirable, pese a las circunstancias: Aunque afirma que le apena no poder cumplir de inmediato su encargo, puesto que obsta una razón más importante aun, -la única más importante- que es la atención espiritual a un moribundo, afirma que eso es lo único inaplazable para él al mostrarse dispuesto a que, una vez solucionado el asunto de su tío, no tomará en cuenta ningún otro interés propio, por legítimo que sea, sino que *lo primero que haré mañana será venir a toda prisa*. Esto es auténticamente heroico, pues sabe muy bien que su tío está a punto de fenecer, tanto que ni siquiera es seguro que lo alcance el sacerdote y que, en el mejor de los casos, va a morir muy poco después, de manera que su ofrecimiento de quedar a disposición de Ella al día siguiente implicaba no participar en el funeral de su amadísimo tío: Aunque eso era supremamente importante para todo indio, él no lo anteponía a su obediencia a la **Señora del Cielo**.

Y tan pronto como hubo escuchado la palabra de Juan Diego, tuvo la gentileza de responderle la venerable y piadosísima Virgen: <<-Por favor presta atención a esto, ojalá que quede muy grabado en tu corazón, Hijo mío el más querido: No es nada lo que te espantó, te afligió, que no se altere tu rostro, tu corazón. Por favor no temas esta enfermedad, ni en ningún modo a otra enfermedad o dolor entristecedor. ¿Acaso no estoy yo aquí, yo que tengo el honor de ser tu madre? ¿Acaso no estás bajo mi sombra, bajo mi amparo? ¿Acaso no soy yo la fuente de tu alegría? ¿Qué no estás en mi regazo, en el cruce de mis brazos? ¿Por ventura aun tienes necesidad de cosa otra alguna? Por favor, que ya ninguna otra cosa te angustie, te perturbe, ojalá que no te angustie la enfermedad de tu honorable tío, de ninguna manera morirá ahora por ella. Te doy la plena seguridad de que ya sanó>>. (Y luego, exactamente entonces, sanó su honorable tío, como después se supo).

Juan Diego, pues, al oír estar tiernísimas palabras, al oír nuevamente que la Madre de Dios se honraba en ser su madre, no podía recibir mejor explicación y garantía de que, en efecto, nada tenía que temer, pues nada más amoroso y cuidadoso que una madre india. Para el Juan Diego no sólo significaban ternura, sino seguridad.

Las flores

Y Juan Diego, apenas oyó el venerable aliento, la amada palabra de la Reina del Cielo, muchísimo con ello se consoló, mucho con ello quedó satisfecho su corazón. Y le suplicó instantemente que de inmediato tuviera a bien enviarlo de mensajero para ver al gobernante Obispo, para llevarle la señal, su comprobación, para que le crea.

Y la Reina del Cielo de inmediato se sirvió mandarle que subiera arriba del cerrito, allí donde antes había tenido el honor de verla. Se dignó decirle: <<-Sube, Hijito mío queridísimo, arriba del cerrito, donde me viste y te di órdenes. Allí verás que están sembradas diversas flores: córtalas, reúnelas, ponlas juntas. Luego bájalas acá, aquí ante mí, tráemelas>>.

Es completamente original la idea de usar flores como comprobación de una orden divina. En Europa eso no hubiera tenido sentido, porque allá las flores eran y son un mero adorno, sin significado divino especial.

Como mencionábamos en el preámbulo, el indio concebía la verdad, la bondad, la valía del hombre, como "lo arraigado": Una cosa es cierta o es buena si tiene buena raíz. Por lo tanto, una bella flor es la evidencia de una buena raíz y la promesa de un buen fruto. Por eso nuestros antepasados indios las amaban apasionadamente: nada había para ellos más bello, nada más divino, nada más excelso como don de Dios que las flores, que son preciosas, alegran el corazón, cantan y comunican la belleza de Dios, "Xochitlalpan" (la Tierra de las Flores) era el Paraíso.

Tomando eso en cuenta, podemos entender que Juan Diego debió estremecerse de dicha con sólo oír lo que la Señora le pedía que hiciera: subir al Tepeyac a cortar flores divinas.

Y acto continuo, Juan Diego subió al cerrito. Y al alcanzar la cumbre, quedó mudo de asombro ante las variadas, excelentes, maravillosas flores, todas extendidas, cuajadas de capullos reventones, cuando todavía no era su tiempo de darse. Porque en verdad entonces las heladas son muy fuertes. Su perfume era intenso, y el rocío de la noche como que las cuajaba de perlas preciosas.

Enseguida se puso a cortarlas, todas absolutamente las juntó, llenó con ellas el hueco de su tilma. Y conste que la cúspide del cerrito para nada es lugar donde se den flores, porque lo que hay en abundancia son riscos, abrojos, gran cantidad de espinas, de nopales, de mezquites y si algunas hierbezuelas se dan –entonces era el mes de diciembre, en que todo lo devora–, las aniquila el hielo.

Se subraya la gozosa incredulidad de constatar que las flores de Dios estaban *extendidas, cuajadas de capullos reventones, cuando todavía no era su tiempo de darse,* maravilla que acentuaba lo inadecuado del terreno. El Valle de México, aunque no muy grande, (120 kms. en su longitud máxima), siempre ha tenido notables contrastes, siendo húmedo y con montañas cubiertas de bosques alpinos en el sur, pero reseco y desértico hacia el norte, donde está el Tepeyac. Para la mente india, pues, ese florecer era la impensable reunión del Omeyocan, el mundo de Dios, con el Tlactípac, el mundo del hombre, como lo evidenciaba esa transformación del cerro, agreste y estéril de suyo, en un vergel que superaba al Tlalocan, el paraíso del dios del agua, porque sus flores eran verdaderas flores de Dios, de las que "con ansia deseaba el corazón" de los mexicanos, de las que de veras y para siempre "durarían en sus manos."

Más aún, por primera vez en la historia, Juan Diego hace lo que todos sus antepasados habían anhelado hacer y ninguno lo había logrado: cortar las flores del paraíso.

Bajó en seguida trayendo a la Reina del Cielo las diversas flores que le había ido a cortar y Ella, al verlas, tuvo la afabilidad de tomarlas en sus manitas, y volvió amablemente a colocárselas en el hueco de su tilma. Se dignó decirle:

<<-Hijito queridísimo, estas diferentes flores son la prueba, la señal que le llevarás al Obispo. De parte mía le dirás que por favor vea en ella mi deseo, y con eso ejecute mi deseo, mi voluntad. Y tú... tú eres mi plenipotenciario, puesto que en ti pongo toda mi confianza. Y con todo rigor te ordeno que sólo exclusivamente frente al Obispo despliegues tu tilma y le muestres lo que llevas. Y le contarás con todo detalle cómo yo te mandé que subieras al cerrito para cortar las flores, y todo lo que viste y admiraste. Y con esto le conmoverás el corazón al Gran Sacerdote para que interceda y se haga, se erija mi templo que he pedido.

La máxima prueba de cortesía india, de deferencia, de amor hacia alguien, era darle personalmente flores. Y cuando no se podía, por ejemplo, porque eran muchísimos los invitados del emperador y no podía en persona hacerlo, solamente la gente más importante, la más querida de él, podía representarlo entregando las flores. De modo que darle Ella personalmente las flores y encomendarle: *Hijito queridísimo, estas diferentes flores son la prueba, la señal que le llevarás al Obispo* era ya tal muestra de aprecio que no hacía falta que añadiera nada más, pero lo hace explícitamente: *Tú eres mi plenipotenciario, puesto que en ti pongo toda mi confianza,* pero vuelve a reiterarle que debe tratar sólo con el Obispo y a él sí contarle *todo lo que viste y admiraste.*

Y al dignarse despedirlo la Reina del Cielo, vino a tomar la calzada, viene derecho a México, viene feliz, rebosante de alegría, ya así viene, rebosante de dicha su corazón, porque esta vez todo saldrá bien, lo desempeñará bien. Pone exquisito cuidado en lo que trae en el hueco de su tilma, no vaya a ser que algo se le caiga. Viene extasiado por el perfume de las flores, tan diferentes y maravillosas.

La deferencia de la Señora del Cielo hacia el Obispo, al mandar que solamente a él se le entregaran las flores, subraya ante los indios que éstas son de él y de nadie más. Juan Diego hubiera querido gritar a todo el que quisiese oírlo la sublime maravilla que eran esas flores que llevaba en su tilma, pero no lo hace, *viene derecho a México.*

Tercera entrevista con Zumárraga

Y al llegar al palacio episcopal le salió al encuentro el mayordomo e incluso otros criados del señor Obispo. Y les rogó que por favor le dijeran que quería verlo; pero ninguno accedió, no querían hacerle caso, quizá porque aún no amanecía, o quizá porque ya lo conocen, que sólo los fastidia, que les es insoportable, y porque ya les habían hablado de él sus compañeros que lo habían perdido de vista cuando pretendieron seguirlo.

Aunque llevaba el éxito asegurado, su fe tuvo nueva ocasión de templarse, porque al llegar, antes del amanecer, al palacio del Obispo, las cosas empezaron todo lo mal que se podía temer, pues los criados no lo admiten. Hoy quienquiera que se presentase a ver al Arzobispo de México, o a quien fuere, cuando **aún no amanecía**, estaría pecando de indiscreto e impertinente, y lo menos que tendría bien ganado es que lo hicieran esperar; pero recordemos que en esos tiempos, previos a la luz eléctrica, todo mundo era normalmente madrugador y nada trasnochador, por la sencilla razón de que no era fácil ni agradable hacer nada a la mortecina y humeante luz de las candelas, y que seguramente Zumárraga estaba despierto aún desde antes de que llegara Juan Diego, y, por lo tanto, no hubiera tenido problema en recibirlo desde un principio.

Muy largo tiempo estuvo esperando la respuesta, y cuando vieron que llevaba ahí tan largo tiempo, cabizbajo, sin hacer nada, a ver si era llamado, notaron que al parecer traía algo en su tilma, y se le acercaron para ver lo que traía, para dar gusto a su corazón. Y al ver Juan Diego que era imposible ocultarles lo que llevaba, y que por eso lo molestarían, lo expulsarían a empellones o lo maltratarían, un poquito les mostró que eran flores. Y al ver que se trataba de diversas y finísimas flores, siendo que no era su tiempo, se asombraron muchísimo, y más al ver cuán frescas estaban, cuán abiertas, cuán exquisito su perfume, cuán preciosas, y ansiaron coger unas cuantas, arrebatárselas. Y no una, sino tres veces se atrevieron a agarrarlas, pero fracasaron, porque cuando pretendían tomarlas, ya no podían ver flores, sino las veían como pinturas, como bordados o aplicaciones en la tilma.

La humildad, la paciencia y entereza que despliega ante la insolencia de esos criados, no era miedo ni complejo de inferioridad, sino el autodominio del refinado ante los necios, que había aprendido desde niño.

Podría también parecer legendario e ingenuo este episodio de que los criados fracasan al pretender arrebatarle las flores a Juan Diego, pero no es así: La inmensa importancia, la necesidad de ese episodio es porque, además de que para Juan Diego, resultaba casi sacrílego que un extraño tocase siquiera "las flores de Dios", era trascendental que, para él y para todos los indios, quedase inequívocamente claro el derecho exclusivo del Obispo español a recibir, él primero que nadie, esas flores. Este hecho inexplicable se los confirmó, al mostrar que una fuerza sobrenatural apoyaba y respaldaba el decir de Juan Diego de que la Madre de Dios, donante de esas flores, había determinado categóricamente: ***Y con todo rigor te ordeno que sólo exclusivamente frente al Obispo despliegues tu tilma y le muestres lo que llevas.*** Era otra forma, perfectamente india, de investir al representante de su Hijo de inequívoca autoridad, amén que también sirvió para finalmente franquearle al propio Juan Diego el acceso a ver al Obispo.

Con eso, en seguida fueron a decirle respetuosamente al señor Obispo lo que habían visto, y que pretendía verlo el indito que ya tantas veces había venido, quien tenía mucho esperando el recado, porque suplicaba permiso para verlo.

Y tan pronto como el señor Obispo escuchó eso, captó su corazón que esa era la prueba para que aceptara lo que ese hombre había estado gestionando. De inmediato se sirvió llamarlo, que en seguida entrara a casa para verlo.

Vemos que el extraño acontecimiento de las flores que no se podían tocar comenzó al instante que rendir efecto y a cumplirse la promesa de la Señora de un cambio favorable en la actitud del Obispo, el cual, aunque había aceptado sin más examen los reportes negativos de sus criados, ahora, apenas advertido de su presencia y de su extraña carga, le recibe.

Y cuando entró, se postró en su presencia, como toda persona bien educada. Y de nueva cuenta, y con todo respeto, le narró todo lo que había visto, admirado, y su mensaje.

Juan Diego inicia un significativo reporte de todo lo acontecido, que tiene el gran mérito de darnos su punto de vista personal, es decir: la versión de los acontecimientos cernida a través del juicio de un indio, en que éste elimina todo lo que considera secundario y destaca lo principal.

Lo primero que podemos notar es que, más allá de la cortesía, denota auténtica virtud, pues destierra de su narración toda traza de queja o reproche: Ni media palabra que siquiera aluda a las humillaciones padecidas, ni a las angustias por la enfermedad de su tío, sólo detalla los intereses de la Señora: Ella es lo único que cuenta para él.

La versión de Juan Diego

Le dijo con gran respeto: <<-Mi Señor, Gobernante, ya hice, ya cumplí lo que tuviste a bien mandarme, y así tuve el honor de ir a comunicarle a la Señora, mi Ama, la Reina del Cielo, venerable y preciosa Madre de Dios, que tú respetuosamente pedías una señal para creerme, y para hacerle su templecito, allí donde tiene la bondad de solicitarte que se lo levantes. Y también tuve el honor de decirle que me había permitido darte mi palabra de que tendría el privilegio de traerte algo como señal, como prueba de su venerable voluntad, conforme a lo que tú te dignaste indicarme>>.

<<Y tuvo a bien oír tu venerable aliento, tu venerable palabra y se prestó gustosa a tu solicitud de alguna cosa como prueba, como señal, para que se haga, se ejecute su amada voluntad. Y hoy, siendo aún noche cerrada, se sirvió mandarme que tuviera el honor de venir de nuevo a verte. Y yo me honré pidiéndole algo como su señal para

que fuera creído, conforme a lo que me había dicho que me daría, y de inmediato, pero al instante, condescendió en realizarlo, y se sirvió enviarme a la cumbre del cerrito, donde antes había tenido el honor de verla, para que fuera a cortar flores diferentes y preciosas>>.

<<Y luego que tuve el privilegio de ir a cortarlas, se las llevé abajo. Y se dignó tomarlas en sus manitas, para de nuevo dignarse ponerlas en el hueco de mi tilma, para que tuviera el honor de traértelas y sólo a ti te las entregara>>.

<<Pese a que yo sabía muy bien que la cumbre del cerrito no es lugar donde se den flores, puesto que sólo abundan los riscos, abrojos, espinas, nopales escuálidos, mezquites, no por ello dudé, no por eso vacilé. Cuando fui a alcanzar la cumbre del montecito, quedé sobrecogido: ¡Estaba en el paraíso! Allí estaban reunidas todas las flores preciosas imaginables, de suprema calidad, cuajadas de rocío, resplandecientes, de manera que yo -emocionado- me puse en seguida a cortarlas. Y se dignó concederme el honor de venir a entregártelas, que es lo que ahora hago, para que en ellas te sirvas ver la señal que pedías, para que te sirvas poner todo en ejecución. Y para que quede patente la verdad de mi palabra, de mi embajada, ¡Aquí las tienes, hazme el honor de recibirlas!>>

Un lugar donde *sólo abundan los riscos, abrojos, espinas, nopales escuálidos, mezquites*, plantas típicas de flora esteparia, era obvio que no era de suyo compatible con esas maravillosas flores, y menos en *el mes de diciembre, en que todo lo devora, lo aniquila el hielo*, por lo que no es poco mérito que Juan Diego *no haya dudado ni vacilado*. Ahora bien, ese lugar donde las flores eran imposibles, era el lugar donde más hubieran deseado los mexicanos que pudieran brotar: El Tepeyac, por ser el monte de la Diosa Madre, guardaba un afecto único para un pueblo afectivamente tan apegado a la imagen materna. Por ello la destrucción de ese templo tenía que haberles resultado particularmente doloroso Ahora descubrían que Dios lo había cubierto con sus flores, que lo había convertido en su ***Xochitlalpan, Tonacatlalpan... el sitío del que siempre nos hablaron los ancianos, nuestros antepasados, todos nuestros abuelos...***". Esta era la más buena de las "Buenas Nuevas" que podían oír.

Juan Diego es una figura indudablemente simpática a todos los mexicanos, pero pocos lo ven en toda su titánica dimensión sobrenatural. Para la gran mayoría fue un "indito": una especie de niño grande, muy bueno, candoroso, cumplido, humilde... y ya.

La fe, como disposición interna de los elegidos de Dios, siempre ha contado decisivamente para obtener la abundancia de sus bendiciones. (Cfr. Mt 8:10; 9:22; 15:28; Mc 10:52; Luc 7:9; etc.). La fe de una Niña, de la misma "Niña" que bajó al Tepeyac, cambió la historia del Mundo: "-Bendita tú entre las mujeres, y bendito el fruto de tu vientre. Pero ¿Cómo es posible que la madres de mi Señor venga a verme?... ¡Dichosa tú que has creído!.. Me llamarán dichosa todas las generaciones" (Lc 1:42, 45, 48). También, a la inversa, la falta de esa fe en ellos puede acarrear graves consecuencias, no a ellos nada más, sino al pueblo entero con el que son solidarios: "El Señor dijo a Moisés y a Aarón: <<-Por no haberme creído, por no haber reconocido mi santidad en presencia de los israelitas, no harán entrar a esta comunidad en la tierra que les voy a dar.>>" (Num 20:22).

La vocación que Dios confirió a Juan Diego Cuauhtlatoatzin era en no pocos aspectos más difícil que la de Moisés, pues no se trataba de acaudillar a un pueblo para que sacudiese la opresión de otro, sino de algo aun más revolucionario en la historia humana, de lo mismo que San Pablo proclama de Cristo Jesús: Realizar lo imposible, reconciliar lo irreconciliable: "...hizo de los dos pueblos una sola cosa, derribando con su cuerpo el muro que los separaba: el odio [...] haciendo las paces para crear en él un sólo hombre nuevo. Reconcilió con Dios a los pueblos, uniéndolos en un solo cuerpo..." (Ef 2: 13-16).

Así pues, para quienes vemos con ojos de fe, Juan Diego es un bienhechor insigne –Verdadero fundador de México, "Padre de la Patria", de pleno derecho–: Su fe, tan candorosa como acrisolada, le dio el ser como nación mestiza, al aceptar y cumplir fielmente ser portador de unas flores que estamparon una imagen.

Cuarta aparición:
La imagen en la tilma

Y en ese momento desplegó su blanca tilma, en cuyo hueco, estando de pie, llevaba las flores. Y así, al tiempo que se esparcieron las diferentes flores preciosas, en ese mismo instante se convirtió en señal, apareció de improviso la venerada imagen de la siempre Virgen María, Madre de Dios, tal como ahora tenemos la dicha de conservarla, guardada ahí en lo que es su hogar predilecto, su templo del Tepeyac, que llamamos Guadalupe.

Ya decíamos que hacer nacer flores en el Tepeyac era una señal muy clara para los indios, pero la imagen que vemos aparecer *de improviso* en la tilma de Juan Diego lo es mucho más. Para entenderlo un poco menos mal, empecemos notando que un rudo ayate, usado y consunto, de un indio  empobrecido, estaba muy lejos de ser una tela adecuada para ningún género de pintura, no sólo por las obvias inconveniencias técnicas, sino aun por motivos morales: Despojar a un pobre de su pobre ropa, que además era instrumento de trabajo, para mandar un recado a un poderoso, suena cuando menos a mal gusto, y, cuando más, a auténtico despojo.

Claro que podríamos decir que el bueno de Juan Diego ni siquiera se fijó en eso, y que cualquier mexicano habría dado y da, cuanto tiene para honrar a una autoridad pero, en el fondo, eso no justifica que sea la autoridad quien abuse de esa generosidad. Al contrario, conocerla le impone el deber de preverla y de procurar controlarla, y, si esa autoridad es el propio Dios, hemos de convenir en que –desde el punto de vista europeo- el detalle resulta a lo menos de mal gusto. Pero para un indio, para Juan Diego y todos los suyos, las cosas fueron abismalmente distintas: para él constituyó una distinción y un honor impensables.

El hecho de que a un pueblo que se comunicaba con imágenes se le envíe una imagen de la Madre de Dios era una perfecta catequesis, que resultaba mucho más clara y elocuente porque también entre ellos la tilma simbolizaba a la persona, al grado de que el Matrimonio se efectuaba anudando la tilma del varón con el "huipil" de la mujer, de modo que siendo ambas, imagen y tilma, cual "sacramentos" de la persona, la originalísima idea de fusionar las dos constituía una adaptación magistral a la cultura india.

Pero además este gesto vino a resolver un problema insoluble. Los misioneros no sólo de buena fe regateaban dar la Eucaristía a los indios y omitían la Unción, sino que de plano los excluían del Sacerdocio y de la Vida Religiosa, lo que hacía que la Iglesia mexicana estuviese amenazada de nacer muerta, puesto que la Iglesia de Cristo es comunión de caridad en la que todos somos iguales. Eso tardaría siglos en cambiar. ¿Cómo, entonces, podía Dios dejar claro a los indios que ante El eran enteramente iguales a los españoles, sin desmentir ni ofender a éstos, que, aunque en eso estuviesen errados, eran sus auténticos portavoces?

Vemos, pues, que María, al mandar con tan inequívoca y repetida claridad que sólo al Obispo, se le entregase su mensaje y su señal, le confirió un inmenso prestigio y autoridad, puesto que lo convirtió en "dueño de su Imagen", en su [Amoxhua] "Dueño del Códice" del pueblo mexicano: Era una forma clarísima de prescribir a los mexicanos, y en mexicano, lo mismo que a los servidores en Caná de Galilea: "¡Hagan lo que él les diga!" (Jn 2:5). Es decir: aunque no todos lo entiendan, aunque muchas veces les resultará difícil, todo lo que él diga es mi palabra. ¡El es más que mi "imagen", porque él es mi Amoxhua, el Dueño de mi Imagen! Y, subordinado a él, también exaltó a Juan

⌐⌐r.⌐⌐r.⌐⌐r.⌐⌐r.⌐⌐r.⌐⌐r.⌐⌐r.⌐⌐r.⌐⌐r.⌐⌐r.⌐⌐r.⌐⌐r.⌐⌐r.⌐⌐r.⌐⌐r.⌐⌐r.

51

Diego, a quien constituyó su "Teomana" que quiere decir Portador de Dios del Nuevo Reino. Y siendo Juan Diego, por nacimiento o por empobrecimiento, un "macehual", un hombre del pueblo, quedaba claro que su ejemplo era accesible a todos. Distinguir en esa forma, conjunta y solidariamente, a un español y a un indio, y a ese español, la máxima autoridad religiosa, y a ese indio, uno de la base, uno como todos, "inculturó" a perfección el "ya no hay distinción entre judío y no judío, entre esclavo o libre, entre varón y mujer, porque todos ustedes son uno en Cristo Jesús" (Gal 3:28).

La Imagen de Guadalupe siempre ha sido entrañablemente amada y venerada, pero, desde ese primer momento, también ha sido estudiada con rigor, y sigue siendo verdad que la tenemos, la conservamos, y podemos seguir estudiándola mucho más y con mucho mejores instrumentos de análisis... y que nos sigue asombrando, hablándonos a los hombres de cinco siglos después con el lenguaje que hoy nos maravilla y convence: el de los análisis de la ciencia, porque ningún científico han atinado en dar una explicación plausible a su conservación.

Y tan pronto como la vio el señor Obispo, y todos los que allí estaban, se arrodillaron pasmados de asombro, se levantaron para verla, profundamente conmovidos y convertidos, suspensos su corazón, su pensamiento.

Y el señor Obispo, con lágrimas de compunción le rogó y suplicó le perdonara por no haber ejecutado de inmediato su santa voluntad, su venerable aliento, su amada palabra. Y poniéndose de pie, desató del cuello la vestidura, el manto de Juan Diego, en donde se dignó aparecer, en donde está estampada la Señora del Cielo, y en seguida, con gran respeto, la llevó y la dejó instalada en su oratorio.

Y todavía un día entero pasó Juan Diego en casa del Obispo, él tuvo a bien retenerlo. Y al día siguiente le dijo: <<-¡Vamos! para que muestres dónde es la voluntad de la Reina del Cielo que le erijan su templecito>>. De inmediato se convidó gente para hacerlo, para levantarlo.

...tuvo a bien retenerlo. Ese gesto de Zumárraga, aunque todo lo honorífico que queramos, sigue indicando cautela, incluso desconfianza, y para Juan Diego debió resultar muy duro: El no había comentado con ninguno de los suyos nada de lo que ha vivido, llevaba dos días ausente de su casa, sin la menor explicación, ni tampoco había vuelto a saber nada de su tío, que había dejado agonizante y a quien tenía la promesa de encontrar vivo, cosa que, sin la menor duda, ardería en deseos de verificar. No debió, pues, haberle sido nada fácil el obedecer, más lo hizo sin insinuar siquiera algo en contrario.

El tío sano

Y Juan Diego, una vez que les hubo mostrado dónde se había dignado mandarle la Señora del Cielo que se levantara su templecito, luego les pidió permiso. Aun quería ir a su casa para ver a su honorable tío Juan Bernardino, que estaba en cama gravísimo cuando lo había dejado y venido para llamar a algún sacerdote, allá en Tlatelolco, para que lo confesara y dispusiera, de quien la Reina del Cielo se había dignado decirle que ya estaba sano.

Y no solamente no lo dejaron ir solo, sino que lo escoltaron hasta su casa. Y al llegar vieron a su venerable tío que estaba muy contento, ya nada le dolía. Y él quedó muy sorprendido de ver a su sobrino tan escoltado y tan honrado. Y le preguntó a su sobrino por qué ocurría aquello, por qué tanto lo honraran.

Juan Diego no había vuelto a ver su tío desde que en la madrugada del martes 12 lo había dejado moribundo al salir para buscarle un confesor, por lo cual, apenas cumplida su misión de indicar el lugar, pide permiso para retirarse, que le es concedido... pero sin deponer la cautela, pues para Zumárraga era fundamental constatar si era verdad que un moribundo estaba repentina y totalmente sano, por lo que concede el permiso, pero *no solamente no lo dejaron ir solo, sino que lo escoltaron hasta su casa*, cosa en la que el honor suaviza el control,

que Zumárraga vemos no depone. No había duda ninguna, y así lo entiende el tío, de que era una gran distinción la que se le otorgaba en el hecho de que lo escoltaran, pero tampoco deja de ser evidente que al honor se asociaba el control. Zumárraga ha pasado un día entero con Juan Diego, prendándose sin duda de su candor y virtud, (Más tarde le permitirá vivir al cuidado de la ermita, y comulgar tres veces por semana, cosa casi inaudita en esos tiempos.), no obstante todo lo cual, no depone su cautela y lleva a fondo su examen.

Quinta aparición:
El nombre de Guadalupe

Y él le dijo cómo cuando salió a llamar al sacerdote para que lo confesara y preparara, allá en el Tepeyac bondadosamente se le apareció la Señora del Cielo, y lo mandó como su mensajero a ver al señor Obispo para que se sirviera hacerle una casa en el Tepeyac, y tuvo la bondad de decirle que no se afligiera, que ya estaba bien, con lo que quedó totalmente tranquilo.

La sorpresa del tío demuestra que nada sabía, por lo que comprobamos que Juan Diego supo guardar entera discreción, y que el único humano con quien había hablado de las apariciónes fue el único con quien la Señora le había mandado hacerlo: con el Obispo, pese a que nunca le prohibió hablar con otros. Ser discreto y diligente, hacer todo y más de lo que se les mandaba, eran recomendaciones básicas de los padres a sus hijos entre los indios.

Y le dijo su venerable tío que era verdad, que precisamente en ese momento se dignó curarlo. Y que la había visto ni más ni menos que en la forma exacta como se había dignado aparecérsele a su sobrino. Y le dijo cómo a él también se dignó enviarlo a México para ver al Obispo. Y que, cuando fuera a verlo, que por favor le manifestara, le informara con todo detalle lo que había visto, y cuán maravillosamente se había dignado sanarlo, y que condescendía a solicitar como un favor que a su preciosa imagen precisamente se le llame, se le conozca como la SIEMPRE VIRGEN SANTA MARIA DE GUADALUPE.

La intervención del tío Juan Bernardino es esencial dentro del Acontecimiento Guadalupano, porque sin esta última aparición hubiera quedado incompleto no tanto para los indios cuanto para los españoles, y en concreto para Zumárraga. A él las flores y la imagen poco le decían, y necesitaba una comprobación sólidamente fiable, dentro de los lineamientos de su cultura, para poder dar una autorización y un respaldo con plena tranquilidad de conciencia. El milagro de la curación instantánea de un moribundo, que escrupulosamente comprobó, le proporcionó la contraprueba de otro testimonio, independiente y concorde, y tuvo buen cuidado de examinar personalmente a los dos.

Y al examen del inquisidor, ésta última aparición se reveló tan intachable como las primeras: Lejos de haber nada inconveniente, la Señora no había descuidado dar su lugar al Obispo, mandando también que todo se le refiriese y sometiese a su dictamen, brindando, además, un nuevo elemento, enteramente "tranquilizador" para recelos hispanos: *que a su preciosa imagen precisamente se le llame, se le conozca como la SIEMPRE VIRGEN SANTA MARIA DE GUADALUPE.*

Aquí subrayemos otro importantísimo rasgo, que podría pasarnos desapercibido: el que María Santísima confiera el gran honor de revelar el nombre con el que quiere ser invocada no a Juan Diego, sino a su anciano tío, cosa del todo conforme a la piedad india hacia sus mayores.

Ahora bien, *GUADALUPE* no es palabra española ni náhuatl, idioma que carece de los consonantes "G" y "D", sino árabe: [Wadi al Lub] *Río de grava negra*, ni parece ser que haya ese sido el nombre inicial, pero es significativo y providencial que Dios haya querido que ese título árabe: *GUADALUPE*, con el que desde hacía siglos se veneraba a su Madre como Reina de la Patria de los que trajeron la fe a México, viniese a convertirse en el corazón y el alma de ese México que con ella nació... Nada más apropiado para quien declaró *que en verdad se honraba en ser madre compasiva de todos ustedes, y de todas las gentes que aquí en esta tierra están en uno, y de los demás variados linajes de hombres*: que una doncella judía, con un nombre musulmán asimilado por España, pudiese convertirse en el alma de América.

Inicio del culto

Y en seguida traen a Juan Bernardino a la presencia del señor Obispo, para rendir su informe y dar fe ante él. Y a ambos, a él y a su sobrino, los hospedó el Obispo en su casa unos cuantos días, durante todo el tiempo que se erigió el templecito de la Soberana Señora allá en el Tepeyac, donde se dignó dejarse ver de Juan Diego. Y el señor Obispo trasladó a la Iglesia Mayor la preciosa y venerada imagen de la preciosa Niña del Cielo. Tuvo a bien sacarla de su palacio, de su oratorio, donde estaba, para que toda la gente pudiera ver y admirar su maravillosa imagen.

Sin la menor duda, traer a Juan Bernardino ante Zumárraga obedecía a instrucciones precisas de éste, para tomarle una declaración oficial, y así mismo retuvo a tío y sobrino varios días consigo. Una vez satisfecho de que todo estaba bien, *trasladó a la Iglesia Mayor la preciosa y venerada imagen de la preciosa Niña del Cielo […] para que toda la gente pudiera ver y admirar su maravillosa imagen.*

Absolutamente toda la ciudad se puso en movimiento ante la oportunidad de ver y admirar su preciosa y amada imagen.

Intentemos hacer lo mismo: *ver y admirar su preciosa y amada imagen*. La imagen mide 143 cm. de altura, y las dimensiones actuales de la tela son 1.75 por 1.05 m., demasiado alta para que pudiera haber sido usada como la capa corta y suelta con que se suele pintar a Juan Diego.

La extravagante idea de usar un ayate para lienzo de esa pintura presentaba, como primerísima dificultad, el que éstos eran tejidos a mano en telar de cintura, por lo que no podían ser sino estrechos, de manera que éste, para poder formar una amplia capa suficientemente grande y ancha, tenía que constar de al menos dos piezas, unidas a todo lo largo con una tosca costura. Centrar en él dos figuras humanas simétricas, la de la **Virgen** y la del **ángel**, equivaldría a condenarlas a quedar partidas por la mitad. Las figuras sí están a la mitad matemática de la tela, y, sin embargo, la costura no las divide, ¿por qué?

La magistral solución consiste en que la figura mayor está desviada hacia su derecha (Izquierda del espectador), con la cabeza inclinada, también hacia su derecha, en un ángulo de unos 12°, lo que permite que la costura no toque la cara ni las manos, y sólo roce la frente del ángel, a su vez desviado ligerísimamente hacia su izquierda, porque así equilibra la inclinación de la cabeza de la Virgen hacia la derecha, colocando la suya hacia su izquierda.

Esto hace que, aunque geométricamente los volúmenes sean iguales de ambos lados, casi toda la imagen esté a su derecha. Si se cubre toda la parte izquierda, la imagen queda casi intacta: se ven perfectamente la cara, el cuello, ambas manos de la Virgen con los adornos de sus puños, la cinta del talle, parte del manto y ;casi toda la túnica, un extremo de la luna, el único pie visible, así como la cara y casi todo el cuerpo del ángel, de quien sólo quedan fuera un brazo y una ala, o sea, prácticamente toda la imagen está del lado derecho; realmente no está de frente, sino de tres cuartos de perfil.

En cambio, si se cubre la parte derecha, ni siquiera podría saberse de quién se trata, pues no se percibe ninguno de los rostros, ni el cuello ni las manos de la Virgen, sino apenas un trozo del manto, de la túnica, de la luna, y un brazo y un ala del ángel.

Esto crearía una enorme descompensación visual, que, sin embargo, el pintor genialmente logró que ni siquiera se perciba, pues los volúmenes están maravillosamente equilibrados por la distribución de sus elementos y de la luz: el lado izquierdo está mucho más iluminado que el derecho, al grado de que la parte menor de la túnica parece mayor, por ser mucho más brillante, y porque tiene muchos menos pliegues; el manto no solamente ocupa más espacio, sino deja ver mucho más de su interior, en tono más claro, pero tiene más pliegues, y mucho más grandes, que la parte de la derecha, que no los tiene sino en una franja muy estrecha, a la altura de las rodillas, donde equilibra perfectamente a la porción del lado izquierdo, en la que es más vistoso el interior claro y los pliegues son más amplios y mayores.

A la altura de los brazos, un amplio doblez bajo el brazo izquierdo, compensa visualmente el gran moño del cinto. Este, a su vez, es el único elemento que, del lado derecho, presenta ángulos abruptos, que abundan, en cambio, del lado izquierdo, el más notable de los cuales, casi de 90°, lo forma el manto sobre la túnica con el doblez que sostiene el antebrazo izquierdo y el resto que cae libremente, ambos vistos por la parte interna, más clara. La parte izquierda de la luna es también notoriamente más grande que la derecha.

La inclinación de la cabeza, que crea un vacío en el ángulo superior izquierdo, está compensado por una caída del manto hacia abajo del ángulo inferior derecho, de un tono de azul perceptiblemente distinto, verdoso y mortecino, y en el que figuran holgadamente tres estrellas. El desequilibrio que eso vendría a crear con el correspondiente ángulo inferior derecho, donde no hay manto ni pie, lo compensa el mayor tamaño de la luna y una extensión de la túnica, que no sólo sobresale, sino está mucho más iluminada, y, sobre todo, la rodilla levantada ligeramente, como en actitud de iniciar un paso hacia adelante, o bien, para la mente india, un paso de danza, ya que para ellos danzar era nada menos que crear, la forma máxima de reverenciar a Dios, la oración total.

Otro elemento importantísimo es el rostro. En el Evento Guadalupano no hay una sola palabra de regaño o represión a nada ni a nadie, y, sin embargo, sí hay un mensaje de desacuerdo y desaprobación, sumamente duro y directo, aunque esté formulado con toda la discreción de lo implícito: el precioso rostro de la Niña Celestial, porque es un rostro inconfundiblemente mestizo, hoy totalmente normal en México, pero no entonces. En un principio el mestizaje fue entusiastamente aceptado y promovido por los indios, que entregaron gustosos a sus hijas y hermanas, pero que nunca esperaron la infamia de que, al nacer los hijos de esas uniones, los padres los abandonasen y considerasen a las madres infamadas por el hecho de serlo. El resultado fue que ambos, padres españoles y madres indias, acabasen rechazando al fruto de su unión, y que viniese a crearse un sub-proletariado de un gran número de niños mestizos abandonados.

También en España los niños eran y son muy amados, de modo que, para ambos padres, ese rechazo y abandono representaba un profundo deterioro psicológico que les dañaba a ellos tanto o más que sus hijos.

Por eso, aunque es sumamente duro que la Virgen Santísima se aparezca con un rostro de mestiza, es al mismo tiempo, una reiteración sublime de su mensaje de unión y superación, al mostrarles a ambos, que eso que ellos veían como humillante e infamante, para Ella era tan precioso como Ella misma...

Otro fantástico "truco" visual es el Sol, que aparece detrás de la Imagen, más brillante a la altura del vientre, y como abriéndose paso entre la bruma, lo que, como decíamos, traía en seguida a la mente la idea de [Mixtitlan Ayauhtitlan], "entre nubes y entre nieblas" y haría pensar en un amanecer en que la Virgen estuviese de cara al poniente y de espal-  das al oriente, pero, dada la fuerte iluminación frontal, y el ángulo de las sombras, sobre todo la de la rodilla izquierda ligeramente alzada, uno constata, quizá sólo subliminalmente, que el sol material, única posible fuente de esa luz, está ya más arriba del horizonte y que, dada su posición sureste del solsticio de invierno, la Virgen realmente mira hacia el noreste, lo que viene a ser una genialidad fantástica del pintor, pues para ojos indios señalar en forma que esa Señora es divina, porque "Viene entre nubes y entre nieblas", y está preñada del Sol, pero un Sol diverso del físico, pues éste la está iluminando de frente.

Al igual que todo el Acontecimiento Guadalupano, la Imagen es una síntesis genial de las técnicas de pintura europeas y mexicanas, de suyo incompatibles: Los colores, los perfiles resaltados y acentuados, los arabescos dorados pintados sobre la túnica sin seguir sus pliegues, la riqueza de sus simbolismos, son netamente indígenas; la maestría en el dominio de luces, sombras, volúmenes y perspectiva haría honor al mejor de los pintores europeos. En el México de la primera mitad del siglo XVI, y en todos los siglos de su pintura colonial, sería perfectamente inútil buscar no digamos a un genio capaz de realizarla, pero ni siquiera de copiarla, ni aun "calcándola".

Una imagen, pues, tan singular, e indiscutiblemente bella, aun del solo punto de vista estético, no podía menos de sacudir hasta lo más íntimo de sus fibras a todos los indios e interesar a los españoles, pero guardémonos del anacronismo de considerar que estos pudieron verla entonces como la vemos ahora. Ni Zumárraga ni ningún español pudo imaginarse que ese episodio insignificante, de que un pobre indio obtuviese del obispo español la edificación de una pobre ermita para una imagen impresa en su tilma, iba a revelarse el punto clave de la implantación de la Iglesia, y el núcleo en torno al cual habría de fraguarse y gravitar la esencia misma y la historia de los mexicanos.

La conversión de México

Venían a reconocer su carácter divino, a tener la honra de presentarle sus plegarias, y mucho admiraban todos la forma tan manifiestamente

divina que había elegido para hacerles la gracia de aparecerse, como que es un hecho que a ninguna persona de este mundo le cupo el privilegio de pintar lo esencial de su preciosa y amada imagen.

A fines de 1531 apenas había en todo México un puñado de misioneros que conocieran las lenguas indígenas, que ninguno dominaba todavía. Sin embargo, es un hecho que a partir de 1532 los indios acudieron a millones pidiendo el Bautismo ¿Qué había pasado? Que la Señora del Cielo les había manifestado que "no venía a cambiar ni a su ley ni a sus profetas, sino a darles plenitud" (Cfr. Mt 5:17-18).

Antonio Valeriano concluye su obra: ***Es un hecho que a ninguna*** *persona de este mundo le cupo el privilegio de pintar lo esencial de su preciosa y amada imagen.* Este dictamen indio, tan incómodo como suena a una mentalidad racionalista, ha sido corroborado a través de los siglos por cuantos pintores, químicos, oculistas, fotógrafos que han tenido ocasión de hacerle un examen objetivo, y nosotros con todos ellos podemos concluir que desde el punto científico no hay una respuesta que explique la extraordinaria impresión de la imagen de nuestra Señora en la vestimenta de un nativo de América.

Notas

1. de Sahagun, Fr. Bernardino. *Historia General de las Cosas de la Nueva España*, Editorial Porrúa, Colección "Sepan Cuantos." no. 300, México, 1975, Libro VI, cap. no. 23, p. 344.

2. "Testimonio Auténtico de las Informaciones sobre el Milagro de la Aparición. Recibidas el año de 1666". Published by P. Vera Hipólito, Amecameca, 1889. 2o. Testigo, 5a, Pregunta, p. 27.